POESÍAS DE JESÚS PARA TI

Luz N. Salgado

Ibukku es una editorial de autopublicación. El contenido de esta obra es responsabilidad del autor y no refleja necesariamente las opiniones de la casa editora.

Publicado por Ibukku
www.ibukku.com
Diseño y maquetación: Índigo Estudio Gráfico
Copyright © 2019 Luz N. Salgado
ISBN Paperback: 978-1-64086-368-2
ISBN eBook: 978-1-64086-369-9

AUTOR
JESÚS

ÍNDICE

AGRADECIMIENTO

A mis padres: Agustín Salgado Manso
y Lydia María Ramos Plaza.

ALEGORÍA 1
EMANUEL, DIOS CON NOSOTROS

De Jehová es la Tierra y su plenitud; el mundo,
y los que en él habitan.
Sal.24:1

Emanuel, Dios con nosotros, se trata del
cumplimiento del nacimiento del hijo de Dios.
La promesa cumplida que en cada año celebramos con
gozo y mucha alegría, la felicidad que Jesús nos vino a
ofrecer que hoy llamamos Navidad, y que expresa la
grandeza de Dios en la Tierra y una naturaleza que lo
supo adorar. Este cumplimiento marcó a toda la
humanidad, porque en Jesús, tenemos una nueva
esperanza y una nueva oportunidad para ser libertados
de los pecados del mundo a través de su cumplimiento.
Entonemos con mucha alegría poesías gloriosas
a nuestro Salvador.

EMANUEL, DIOS CON NOSOTROS
1

La Voz del Niño que Nació

Se escuchó en toda la Tierra el llanto de un niño
que nació en Belén de Judea.
Y la Tierra se detuvo para escuchar la voz del niño
que nació. Aquella noche que Jesús nació, el mar hizo
bonanza, el viento enmudeció, y la Tierra se inclinó
para adorar al Dios de la gloria. Aquella noche que
Jesús nació hubo una gran alabanza en toda la naturaleza
de la Tierra, porque el Salvador del mundo su voz dejó
escuchar.

EMANUEL, DIOS CON NOSOTROS
2

La Noche Especial

Esa fue una noche especial, porque el Salvador del
mundo nos vino a visitar donde en el cielo comenzó
la primera Navidad. Fue una noche como nunca jamás
ha habido, ni aun en la creación del mundo hubo
una noche como esa, ¡donde la gloria de Dios descendía
a la Tierra, donde las estrellas del cielo dieron su mejor
resplandor! Aquel humilde niño nacido en un pesebre
venía a ser la luz del mundo, venía a ser nuestro
Salvador.

EMANUEL, DIOS CON NOSOTROS
3

Noche de Alegría

¡Que suene la trompeta! ¡Que suene el tambor!
¡Porque ha nacido nuestro Salvador!
¡Que cante el gallo y que trille el buey!
Porque ellos fueron testigos del nacimiento
de Emanuel. Vinieron los pastores y magos
también, y vieron el cumplimiento de la promesa
de Dios; venid Tierra y celebres hoy, aquel
acontecimiento de la gloria de Dios.

EMANUEL, DIOS CON NOSOTROS
4

La Naturaleza Alaba a Dios

Nunca has imaginado lo grande que es el poder
de Dios en la naturaleza de la Tierra, pues él la creó,
y ella fue testigo de la manifestación gloriosa del
nacimiento del hijo de Dios, porque Dios le hace
conocer el tiempo y los tiempos por venir.
Y sí, el viento con su brisa acarició al Rey de la Gloria, y
la Tierra tembló ante su presencia. El hombre que ama
a Dios debe glorificar su poder, porque si la naturaleza
lo supo adorar, el hombre que fue hecho a la imagen y
semejanza de Dios debe abrir su corazón y aprender a
conocer y adorar al Dios que nos creó.

EMANUEL, DIOS CON NOSOTROS
5

La Felicidad de la Navidad

Cada vez que llega la Navidad siento una gran alegría,
porque me acuerdo del nacimiento de nuestro
Salvador. Cómo en una noche de paz, el Salvador
nos vino a visitar y cómo comenzó la primera
fiesta de Navidad; donde hubo cánticos gloriosos
y gran felicidad, porque las profecías se cumplían ya.
¡Y cómo en la tierra hoy seguimos celebrando aquel
acontecimiento del nacimiento de Jesús! Cantemos
gloria a su nombre y demos grito de júbilo, porque
hemos recibido el mejor regalo de la Navidad:
la visita de Jesús para dirigir a su pueblo hacia la
eternidad. ¡Demos grito de júbilo!

EMANUEL, DIOS CON NOSOTROS
6

La Noche que Nació Emanuel

La noche que Emanuel nació una gran estrella lo iluminó,
y gran alegría hubo sobre la Tierra, porque
el Rey de Gloria su trono dejó, para engrandecer
su santo nombre; y la presencia y gracia poderosa
de Emanuel estaba sobre nosotros, porque el Padre
Celestial, envió a su único hijo al mundo, para buscar
y dirigir el pueblo que esperaba por su Rey. Gran
alegría hubo sobre la Tierra, porque la luz del
mundo estaba sobre ella, ¡gloria a Dios en las alturas
y en la Tierra la gracia de Emanuel!

EMANUEL, DIOS CON NOSOTROS
7

Jesús Quiere Entrar a tu Corazón

¡La gloria de Dios ha caído sobre la Tierra, su grandeza
y su poder, están sobre nosotros! ¿La has sentido tú, o tú
sabes dónde hallarla? Porque está muy cerca de ti
y de mí, solo tienes que abrir tu corazón, solo tienes
que dar el permiso para que Jesús entre a tu vida y
tú lo recibirás. ¿Qué recibirás? La gloria de Dios
manifestada en ti.

EMANUEL, DIOS CON NOSOTROS
8

Cantemos al Rey de la Gloría

Cantemos, cantemos, al Rey de la Gloria,
cantemos alabanza, al Dios de Poder,
cantemos, cantemos al Rey de los Judíos,
cantemos, cantemos al que su vida nos vino a dar,
cantemos, cantemos al Padre Celestial,
cantemos, cantemos al que nos dio voz para cantar.

EMANUEL, DIOS CON NOSOTROS
9

El Gozo que Jesús nos da

Desde que Jesús nació, la Tierra no ha dejado
de cantar, "¡coquí, coquí, quiquiriquí!" Por
la grandeza de su amor, y el hombre que ama
a Dios y glorifica su nombre no ha dejado de decir:
"¡Cristo te ama!" Porque solo Dios transmite
en nuestros corazones la nota musical.

EMANUEL, DIOS CON NOSOTROS
10

Las Maravillas de Dios

Las estrellas, cuenta su gloria y su majestad,
se siente en su poder, la luna y el sol, resplandor
del cordero, su grandeza la hallarás en su amor
y en su misericordia, adoremos a Jesús en la hermosura
de su santidad. Muéstrame, oh Jehová tus caminos
enséñame tus sendas.

EMANUEL, DIOS CON NOSOTROS
11

La Descripción de Jesús

¡Oh, qué hermoso es este niño que nació en Belén!
Su belleza es incomparable, su rostro resplandeciente
como el sol.
¡Cuán grandes son los misterios de este niño!
¡Cuán infinita es su grandeza, porque si su belleza
es incomparable su poder es inescrutable!
Y será llamado Admirable, Consejero, Dios fuerte,
Padre Eterno, Príncipe de Paz.
Isa.9:6.

EMANUEL, DIOS CON NOSOTROS
12

La Felicidad de la Navidad

Cuando damos gracias, damos gracias por algo
que se nos ha regalado o por un favor, pero el regalo
que Dios nos ha venido a ofrecer es el regalo de la
vida, un regalo que no merecemos pero
a Jesús le ha placido.
Jesús dejó su reino para venir al mundo a libertarnos
de la condenación y solo tú eres el único que puede
decidir si acepta el regalo que Jesús te ha venido a
ofrecer.
¡Éste es el mejor regalo de la Navidad! ¡Éste es el mejor
regalo de Jesús! Es el regalo de la vida eterna para todo
aquel que lo quiera aceptar.

EMANUEL, DIOS CON NOSOTROS
13

La Naturaleza de Dios

La naturaleza obedece a Dios y hace bonanza ante
sus pisadas, el viento enmudece ante la voz
del omnipotente, toda la Tierra tiembla ante
la presencia de Dios y por su gracia,el hombre lo conoció.

EMANUEL, DIOS CON NOSOTROS
14

El Poder de lo que Dios Creó

Dios está en la hermosura de la naturaleza,
no hay hoja que se mueva, ni árbol que
pueda dar sombra sin que Dios lo autorice,
no hay frutos si Dios no lo ordena con el
rocío de cada amanecer, así también,
Dios cuida de cada uno de sus hijos, Dios
renueva nuestras fuerzas en cada mañana
con el soplo de su amor ¡porque de Jehová
es la tierra y su plenitud; el mundo y los que
en él habitan!

**EMANUEL, DIOS CON NOSOTROS
15**

La Gracia de Emanuel

El verbo se hizo carne, la gracia de Emanuel
está sobre nosotros y si caminamos por su
camino seremos salvos, en él está la vida, la
luz y esperanza de los hombres en la Tierra,
abre tu corazón, y reconoce al que un día nos
vino a visitar para ofrecernos un nuevo camino:
el de la vida eterna.

**EMANUEL, DIOS CON NOSOTROS
16**

La Promesa Cumplida

¡He aquí la promesa cumplida!
¡Jesús es el Salvador del mundo!
De quien los profetas hablaron, aquel que ha venido a
traer las nuevas de salvación, y el que nos guiará por
camino de esperanza y vida eterna. Y todo aquel que en
él creyera no será avergonzado, sino que Dios lo
resucitará el día final.
Cuando suene la trompeta viviremos juntamente con
él en el Reino de los Cielos y su reino no tendrá fin.

EMANUEL, DIOS CON NOSOTROS
17

La Grandeza de Jesús

¡Hoy adoremos a Jesús por su grandeza!
Porque un día dejó su trono y su gloria
para venir en busca de ti y de mí, adoradle
en la hermosura de su santidad y demos
honor y gloria al que vive por siempre.
¡Alcemos nuestras manos en su presencia!
Por su cumplimiento y fidelidad, porque
su grandeza nos dejó conocer, adoremos
al rey de la gloria por todos los siglos y exaltemos
su nombre en toda la Tierra.

EMANUEL, DIOS CON NOSOTROS
18

Alegría en la Tierra

¡Jesús vino a la Tierra a ofrecernos nuevas de salvación!
Él vino a traernos gran alegría y gran felicidad.
Gocémonos, alegrémonos y seamos felices, porque
el autor de la Navidad, ¡Jesús! Está con nosotros.
Cantemos
en su nombre con mucha felicidad ¡porque grande es el
rey de la gloria, que su grandeza y su poder nos vino a
ofrecer!

EMANUEL, DIOS CON NOSOTROS
19

La Presencia de Jesús Sobre la Tierra

Toda la Tierra se iluminó cuando Jesús nació
y su presencia dejó sentir. Cuando se les
apareció un ángel del Señor a los pastores
que estaban en la misma región para enviar
las nuevas a su pueblo, ¡el cielo fue lleno de
alabanza y en la Tierra se sintió la presencia del hijo de Dios!
Esa noche se sintió en el cielo y sobre la Tierra,
¡alabanza gloriosa al Rey que nació en Belén! Y
repentinamente apareció con el ángel una multitud
de las huestes celestiales, que alababan a Jesús y decían
"¡Gloria a Dios en la altura, y en la Tierra paz, buena voluntad
para con los hombres!" Y los pastores glorificaron y
alabaron a Jesús por todo lo que habían oído y visto.
¡A Dios sea toda la gloria!

EMANUEL, DIOS CON NOSOTROS
20

Los Magos Encontraron al Mesías

Cuando Jesús nació en Belén de Judea vinieron
del oriente a Jerusalén unos magos, y cuando
encontraron al niño en la casa, se postraron ante
la presencia de Jesús y comenzaron a adorarle. Adorar,
adorar al niño que ha nacido, adorar al Rey de los Judíos,
porque su estrella hemos visto en el oriente y hemos
venido a adorar.
¡Adorar a Jesús en la hermosura de su santidad! Adorar a
Jesús todos los habitantes de la Tierra, porque el niño que
nació en Belén de Judea, es merecedor de nuestra
alabanza.

ALEGORÍA 2
JESÚS EN LA TIERRA

El espíritu de Jehová el Señor está sobre mí porque me
ungió, Jehová me ha enviado a predicar buenas nuevas
a los abatidos, a vendar a los quebrantados de corazón,
a publicar libertad a los cautivos, y a los presos apertura
de la cárcel; Isa 61-1
¿Jesús en la Tierra es recordando la grandeza de Jesús en
medio de su pueblo?
Donde demostró todo su amor, poder y grandeza,
para que el hombre aprendiera a confiar en él,
y él quiere que nunca se nos olvide que Jesús estuvo
en la Tierra por ti, y por mí,
para que en los momentos difíciles de nuestra vida
nos acordemos que él estuvo en la Tierra y nos
entiende, que solo él tiene poder para ayudarnos,
siempre estará con nosotros y aún sigue haciendo
milagros. Solo confía en él.

JESÚS EN LA TIERRA
1

Jesús se Dio a Conocer

Jesús, tú estuviste en la Tierra y tu grandeza diste a
conocer y la Tierra conoció la grandeza de tu gloria,
y tu poder se manifestó sobre ella, en los milagros que
tú hiciste sanando, libertando y haciendo muchos otros
milagros, dejaste marcadas las huellas de tu poder y de tu
amor. Y sobre la Tierra tu nombre es engrandecido y tu
nombre está en el lugar más alto que hay sobre la Tierra:
¡tu iglesia! Tu nombre y tu gloria son exaltados y glorificados
allí, porque tu pueblo no ha dejado de engrandecer tu
nombre; tu palabra y tu poder lo conocerán todos los
confines de la Tierra, como tú lo dejaste establecido en
tu palabra. Y tu cumplimiento son los que esperan tus
siervos sobre la tierra, para que se cumpla tu voluntad y
Jesús venga a buscar al pueblo que espera por su Rey.

JESÚS EN LA TIERRA
2

El Amor de Jesús

Jesús vino al mundo para traernos las nuevas de
salvación y para hacer cumplir la ley; Jesús también
es mucho más que todo lo que podemos imaginar,
su grandeza y poder se manifestó al mundo, él
nos enseño el ejemplo de servir. Cada uno de
nosotros quizás en algún momento nos hemos
preguntado. ¿Por qué Jesús nos habrá amado tanto?
Solo Jesús comprende esté amor tan grande que nadie
puede explicar. Esa es la razón de que
nadie nos pueda amar como nos ama Jesús, ese
amor, incomprensible para muchos, pero grande
para Jesús; y lo mostró cuando dejó su tronó. Jesús
tiene grandes cosas para su pueblo y también por los
que vendrán. El propósito de Jesús es que ni un alma
se pierda, ese fue su mayor sacrificio: el amor. Cada
uno de nosotros tenemos que encontrar la verdad,
¿qué es la verdad?
Que solo en Jesús, alcanzaremos la vida eterna.

JESÚS EN LA TIERRA
3

Jesús la Esperanza del Mundo

Cuan hermosos son sobre los montes los pies del que trae alegres nuevas, del que anuncia la paz, del que trae nuevas de bien, del que publica salvación, del que dice a Sión: "¡Tu Dios reina!" Jesús es tu refugio en tiempos de angustia. Aquel que caminaba por las calles, aldeas y muchos otros lugares, iba sembrando la esperanza de un nuevo despertar en él, anuciando su amor y su grandeza a la humanidad. Caminaba sin descanso por todos los lugares para que todo aquel que en él creyera fuera salvo, sanando y predicando el evangelio de arrepentimiento de los pecados y que solamente se encontraría la vida eterna a través de él. Isa:52-7

JESÚS EN LA TIERRA
4

En Busca de Ti

Yo soy el Rey de Gloria, que he dejado mi trono por ti
que me he hecho hombre para demostrar mi amor por la
humanidad. Yo soy el Santo de Israel, y he venido en
busca de lo que se había perdido. No temas lo que tus
ojos ven y está aconteciendo porque he aquí, mírame
con tu corazón, yo soy Jesús que cuido de ti, que renuevo
tus fuerzas cada mañana y que te levanto como las águilas,
no confíes en tu propias fuerzas, confía en mí, porque vine
a la Tierra para que aprendas a tener fe, y te puedas
acercar sin ningún temor, confía en mi porque nunca te
dejaré en vergüenza.
¡PORQUE YO SOY EL SANTO DE ISRAEL!

JESÚS EN LA TIERRA
5

El Poder que Jesús Ha Venido a Ofrecer.

Yo he venido al mundo para mostrar mi poder,
para que aprendieras a depender de mí, porque
para mí no hay nada imposible, yo soy el único
que te puede ayudar, aunque creas lo contrario.
Antes de mí no había otro, yo soy la promesa
cumplida, el que ha traído la esperanza, el que
promete que si crees recibirás poder
de lo alto para hacer mi voluntad. Quiero
glorificarme en ti, para poder demostrar mi
amor y a otros que no me conocen y desconocen
de mi amor por ellos, y ellos puedan ver y creer
lo que yo pueda hacer en sus vida. De cierto
él dijo: "el que en mí cree, las obras
que yo hago, él las hará también: y aún mayor
hará, porqué yo voy al Padre."
Jn. 14:12

JESÚS EN LA TIERRA
6

Imitadores de Jesús

Mi tiempo en la Tierra fue corto
y no descansé hasta completar
y cumplir la voluntad del que me envió:
mi Padre Celestial. Y sé que harán mi
voluntad y me imitarán, cumplirán
todo lo que yo les he puesto en sus corazones
para cumplir el propósito por el cual mi padre
los ha llamado.
Vosotros sois la sal de la Tierra;
pero si la sal se desvaneciere, ¿con qué será salada?
No sirve más para nada, sino para ser echada fuera
y hollada por los hombres, vosotros sois la luz
del mundo, una ciudad asentada sobre un monte
no se puede esconder, y por todo el mundo
predicar el evangelio a toda criatura.
¡Hagan mi voluntad!

JESÚS EN LA TIERRA
7

El Pastor de las Ovejas

Yo soy el buen pastor y el buen pastor cuida de sus ovejas.
Soy la luz del mundo y he venido para sacarte de las
tinieblas y traerte a mi luz admirable, soy el que puede
saciar tu sed; agua que brota para la vida eterna
¡yo soy el hijo de Dios viviente! Que he venido por ti
y espero por ti para compartir mi gloria contigo.
Yo soy Jesús, el Salvador del mundo, que te he
venido a ofrecer vida, y a todo el que viene yo no
lo echo fuera, sino que el día final estará
conmigo en el paraíso.

JESÚS EN LA TIERRA
8

Jesús el Libertador del Mundo

Jesús vino al mundo en obediencia al Padre,
dejó su trono y su gloria por todos nosotros,
nadie lo obligó, fue una decisión de la Trinidad.
¡El mundo era esclavo del pecado! Vivía sin esperanza.
Satanás que está en la tierra, quiere destruir la creación
de Dios. Pero Satanás tiene sus limites ¡porque poderoso
es el Dios que nos creó! Jesús es la luz del mundo y él
vino a salvar lo que se había perdido, porque el hombre le
pertenece a Dios, hemos sido creado a la imagen y semejanza
de Dios. Jesús vino al mundo para que el mundo lo conociera
y reconociera la grandeza de su poder, para que todo el que
en él crea no se pierda mas tenga vida eterna.
Gén. 1:26 y 27

JESÚS EN LA TIERRA
9

Seguir la Dirección de Jesús

Santo es tu nombre oh Señor Jesús, que nos
has mostrado tu gran amor y nos enseñas a través
de tu testimonio la importancia de someternos a
ti, y de reconocer que sin ti nada es posible, que no
son nuestras fuerzas, sino que a través de la fe en ti,
lo vamos a poder lograr. Seguir la dirección de lo
que tú nos has enseñado, que es el ayuno y la oración
porque a través de ella tú nos mostraste que alcanzaste
la victoria en la cruz del calvario y nosotros a través
de tu victoria alcanzaremos la vida eterna.

JESÚS EN LA TIERRA
10

Incomparable el Amor de Jesús

El hombre jamás podrá comprender al máximo el amor
de Jesús, porque el amor de Jesús va mucho más allá de
cualquier conocimiento humano, Jesús ha amado al
hombre que está en el mundo más que todo lo creado,
lo mostró cuando dejó su trono y su gloria. Y aunque tú
no lo entiendas ni lo ames, Jesús si te ama y siempre
te amará y tendrá sus brazos extendidos hacia ti, hasta
el fin de tus días, porque grande es el amor que Dios
tiene por ti. Porque no envío Dios a su hijo al mundo
para condenar al mundo, sino para que el mundo sea
salvo por él.
Jn. 3:17

JESÚS EN LA TIERRA
11

La Oportunidad de Conocer a Jesús

Jesús, tú que dejaste tu gloria y naciste en un pesebre
entre los más pobres, que caminaste entre tu pueblo
demostrando la grandeza de tu amor y de tu poder
amándonos sin límites y glorificando tu nombre,
haciéndonos vivir seguros en ti y enseñándonos los
caminos donde caminaremos más seguros.
¡Qué grande es el Salvador y el consolador del
mundo que siempre ha estado con nosotros!
Jesús, qué agradable es estar en tu presencia,
qué maravilloso es estar en tu camino y qué impacto
hemos recibido en la Tierra de haber conocido la
grandeza de tu amor. ¡Bendita sea la manifestación
gloriosa de Jesús sobre toda la Tierra!

JESÚS EN LA TIERRA
12

Jesús Demuestra su Amor

Mientras Jesús estuvo en la Tierra, mostró su amor por
los niños, enfermos y necesitados; dio de beber al
sediento a través de su palabra, ternura y calor que él
se dejó sentir. Cuando Jesús estuvo en la Tierra oró para
multiplicar el pan y los peces, porque solo Jesús provee
el pan de cada día. Jesús libertó a muchos de su
esclavitud, pero lo más impactante fue la presencia
del Mesías sobre la Tierra. Jesús conoció todas las
necesidades de su pueblo, para que tú y yo
acudiéramos a él. Cuando Jesús estuvo en la
Tierra, mostró que todos sus caminos son de
misericordia y llenos de amor y nos enseñó que
él es la salida y fuera de él nada podemos hacer.
Confía en Jesús y pon tus necesidades en sus manos
y él hará.

JESÚS EN LA TIERRA
13

El Requisito de la Vida Eterna

He venido al mundo a mostrar mi
poder y mi amor, a decirte que solo
hay un camino que conduce a la salvación,
vine al mundo para invitarte a mi reino.
Porque te amo, vine por ti, pero solo
entrarán los que me acepten como
su salvador, y reconozcan que son unos
pecadores y quieran ser libres de
la esclavitud de los pecados, acepten
seguirme, y hacer mi voluntad; ese es el
requisito para entrar a la vida eterna.

JESÚS EN LA TIERRA
14

Solo Jesús Liberta

Jesús vino al mundo porque el mundo necesitaba
un salvador, el mundo estaba lleno de pecado pero
Jesús vino a libertarnos y traer las nuevas de salvación,
él vino personalmente a hablar con su pueblo.
Dios había enviado
el mensaje a través de sus profetas, el mensaje que el
Mesías, venía a cumplir para hacernos libres de las tinieblas
y del camino de perdición.
No hay otra forma de salvar tu alma,
solo reconociendo tus faltas en la Tierra y que reconozcas que
necesitas perdón. Abre hoy tu corazón
porque solo Jesús te puede
perdonar ¿cómo? Reconciliándote con él. Aprovecha el
tiempo en la Tierra, porque fuera de aquí no tendrás
otra oportunidad , cuando tú mueras y Jesús te resucite
de entre los muertos podrás vivir para siempre en paz.
¡Jesús es el camino!

JESÚS EN LA TIERRA
15

De Jesús es Todo el Poder

Jesús es quien perdona, Jesús es quien liberta,
el que levanta al caído y sana todas las heridas,
el que te puede proveer en todas tus necesidades
y el que te ofrece la vida eterna
porque tú oh Jehová, bendecirás al justo
como un escudo lo rodeará de tu favor.

JESÚS EN LA TIERRA
16

Clama a mí

Jesús es todopoderoso y hace conforme
a su voluntad, ten fe y confía porque solo
Jesús puede hacer tu milagro, y yo le creo a él
porque para eso descendió del cielo, para
mostrar su grandeza. Y si tú en esta hora necesitas
clamar por un milagro, hazlo, ¡clama, clama!
Porque grande es el Santo de Israel, clama por
tu milagro, pero sobretodo por el milagro de
tu salvación porque sin ella te perderás. Solo
Jesús lo puede hacer, confía y espera en tu milagro.
¡Jesús vino a la tierra a visitarnos! El Santo de Israel
está con nosotros.

JESÚS EN LA TIERRA
17

La Fe en Jesús

Yo he venido al mundo para demostrar mi poder y todo
lo que puedo hacer si tienes fe, solo Jesús tiene poder
para sanar, libertar, restaurar y hacer grandes cosas que
el hombre no puede hacer ¡pero Jesús si puede hacerlo, solo
creé! Si estás pasando por alguna situación, no importa cuál
sea, créele a Jesús, solo él puede ayudar, por eso él descendió
a la Tierra para mostrar su poder.
Si los médicos te han dicho que
no hay remedió ni esperanza, o nada se puede hacer,
te quiero decir que sí hay esperanza en Cristo;
cuando los médicos dicen
hasta aquí, entonces es cuando Jesús se glorifica, porque Jesús
vino al mundo a mostrar su poder y grandeza para que no
tuviéramos temor de confiar en él. ¡Búscalo y clama en el
nombre de Jesús por tus necesidades, enfermedades o
cualquier otra situación!
Solo a través de tú fe lo puedes conocer.

JESÚS EN LA TIERRA
18

Conoce a Jesús

Jesús es nuestro consolador y él vino al mundo
para que supiéramos que no estamos solos y que
en el medio de cualquier situación, él está con
nosotros. Él sintió en carne propia cada una de
nuestras necesidades en la Tierra, sintió todas
las dolencias del hombre para que no tengamos
excusa. Todo lo que nosotros hemos vivido en
la Tierra Jesús también lo vivió, para poder comprender
la situaciones por la que todos pasamos; él nos
ha traído la esperanza en medio de cualquier
situación, ha venido al mundo para decirte que te
comprende en el medio de nuestras tribulaciones.
Pero Jesús también ha venido al mundo para salvarnos
de lo peor que puede pasar, no solo en la Tierra sino
después de la muerte. El mundo no puede entender
que él vino a pagar el precio de nuestros pecados
y solo en él hay esperanza de la vida eterna.

ALEGORÍA 3
SEMANA SANTA

Ciertamente llevó él nuestras enfermedades y sufrió
nuestros dolores, y nosotros le tuvimos por azotado,
por herido de Dios y abatido, mas él, herido fue por
nuestras rebeliones, molido por nuestros pecados;
el castigo de nuestra paz fue sobre él, y por sus llagas
fuimos nosotros curados. Todos nosotros nos
descarriamos como ovejas, cada cual se apartó
por su camino, mas Jehová cargó en él, el pecado
de todos nosotros.
La Semana Santa es el más grande amor que Dios
demostró
hacia la humanidad. El mundo había sido
condenado a causa de la desobediencia del hombre
y el Padre envió a su único hijo Jesús, para libertarnos.
Isa:53-4-6

RECORDANDO LA SEMANA SANTA
1

El Sacrificio de Jesús

Mirando la cruz del calvario siempre recordaré su
significado, donde Jesús murió, Jesús murió en la cruz, y
allí fue visto por todos los que estaban. En la cruz del
calvario fue donde derramó su sangre que significa vida,
donde se detuvo su corazón que significa amor por
siempre, donde sus ojos se apagaron, que fue donde
terminó el cumplimiento del hijo de Dios y con su
resurrección venció a la muerte para el comienzo de una
nueva esperanza. Pero la cruz del calvario quedará
guardada en mi corazón, porque ella me recuerda
lo que Jesús hizo por la humanidad y me recordará
lo que la humanidad representa para Cristo.

RECORDANDO LA SEMANA SANTA
2

La Tierra Sufrió Cuando Jesús Murió

Cuando el Salvador del mundo estaba siendo azotado y
molido por nuestros pecados, la naturaleza de la Tierra
sintió el amor y el dolor del corazón de Jesús por amor a
todos nosotros y desde la hora sexta hubo tinieblas
sobre toda la Tierra, el velo del templo se rasgó, la Tierra
tembló, las rocas se partieron y se abrieron los sepulcros
porque el Salvador del mundo, Cristo, su vida sacrificó.
Pero el Padre Celestial lo glorificaba por su obediencia
porque en él se estaba cumpliendo el propósito por el cual
Jesús estaba en esté mundo, Jesús no era de este mundo,
pero dejó su trono, dejó su gloria para venir por ti.
Por eso sea engrandecido, sea glorificado, sea honrado el
nombre de Jesús. ¡Aquí en la tierra a nuestro Salvador!
Mar.27-45-51

RECORDANDO LA SEMANA SANTA
3

La Corona del Dolor y de la Victoria

Cuando Jesús fue juzgado, fue llevado dentro de los
atrios, y allí fue azotado y lo azotaban sin piedad, pero
Jesús sabía que era necesario pasar por este sacrificio. A
Jesús le tejieron una corona de espinas y la pusieron sobre
su cabeza, donde marca el dolor y la pasión de Cristo por
la humanidad. La corona de espinas representa el
verdadero sacrificio de un rey que da su vida por su
pueblo, fue la batalla que Jesús vino a pelear sin armas ni
violencia, sino con la grandeza máxima de su amor.
Cuando un rey es coronado lo celebran con gran
júbilo, pero Jesús era un rey rechazado, humillado,
burlado y escupido por su pueblo; y esa corona que a
él le clavaron en su cabeza, el manto de escarlata y la
caña con lo que lo golpearon sobre su cabeza, todo
en forma de burla, fue lo que selló el pacto de Dios con
el hombre en la Tierra, a través de su sangre, para que el
hombre sea libre y escoja que camino seguir.
Y esa corona es la corona de la victoria del rey que
venció al mundo, con dolor y pasión.
Salve el Rey de los Judíos.
Mar. 27:28-30

RECORDANDO LA SEMANA SANTA
4

Las Marcas que Jesús Dejo

El camino que Jesús caminó hacía el calvario, fue
un camino de agonía, despreció, se sintió cansado,
fatigado, y enfermo de tanto latigazo pero nunca
estuvo solo, el Padre Celestial lo acompañó en todo
el camino. Así también es el camino de los hombres
en la Tierra, cuando está llegando al final de su
camino le llegan las enfermedades, soledad, cansancio
y quizás solo, pero Jesús fue el primero que caminó por
este camino, y en este camino él nos dejó las huellas
y las marcas de su amor para cuando estemos en el mismo
camino nos acordemos de él. Y si en este camino
clamamos a él, él vendrá y nos guiará por el camino
de la salvación, así dice la palabra de Dios: "Yo soy la
resurrección y la vida, el que cree en mí, aunque esté
muerto, vivirá."

RECORDANDO LA SEMANA SANTA
5

Jesús Siempre Tendrá las Manos Extendidas

Mirando las tres cruces, donde Jesús fue crucificado, y él
en medio de los dos ladrones, uno a la derecha y el otro a la
izquierda, allí Jesús estuvo en silencio esperando que ellos
reconocieran lo que Jesús estaba haciendo por ellos y por la
humanidad, su amor y perdón: y uno lo injuriaba y el otro
reconoció que era un pecador y necesitaba a un Salvador.
¡En el camino de las tinieblas no hay esperanza sino condena-
ción!
Jesús a través de su sacrificio nos abrió el camino y él
es la luz pero lo más grandioso de ese camino es que,
Jesús está en el medio de nosotros guardando en silencio
tu decisión, porque Jesús siempre estará tan cerca del
hombre en la Tierra como lo estuvo con los dos ladrones
en la cruz del calvario, esperando en silencio hasta el
último suspiro de la vida del hombre, para que
él decida cuál camino escogerá.

RECORDANDO LA SEMANA SANTA
6

EL Amor Es Sufrido

No hay nadie en el mundo que haya sufrido
y amado a la misma vez una muerte
con tanta agonía,
con tanto dolor, con tanto
amor, sin recibir nada a cambio. Somos salvos
por la gracia de Dios

RECORDANDO LA SEMANA SANTA.
7

El Cordero de Dios

Como cordero fue llevado y se ofreció a sí mismo sin
mancha, tierno y manso, así fue como Jesús se ofreció
al mundo para pagar el precio de nuestros pecados
por la desobediencia del hombre. Juan exclamó:
"He aquí el cordero de Dios que quita el pecado del mundo."
Solo el Cordero de Dios puede perdonar,
no importa cuan grande sea el pecado del
hombre, solo él tiene todo el poder para hacerlo, el
Cordero de Dios es el único que puede purificarnos,
limpiarnos, salvarnos y hacer del hombre una nueva
criatura a través de su sangre; ya él venció.
No hay nadie ni en el cielo ni en la Tierra
que pueda libertar al hombre de su pecado
¡Solo el Cordero inmolado de Dios! Jesús.

RECORDANDO LA SEMANA SANTA
8

Es Imposible Entender el Amor de Jesús

El amor de Cristo sobrepasa todo conocimiento,
nosotros no podemos entender un amor tan grande.
¿Quién habría amado tanto
para ofrecer su cuerpo, sangre y vida
por un mundo tan pecador y tan desobediente?
¡Solo un santo que tiene un corazón perfecto
y sin manchas podía hacer este sacrificio, Jesús
de Nazaret! Jesús vino al mundo y venció él pecado
del mundo por ti y por mí, nadie lo obligó, fue decisión
del Padre y él obedeció, Dios también respeta tus decisiones
y no obliga a nadie a amarlo, es una decisión que sólo tú
tienes que tomar, Dios ya pagó el precio para todo el que
quiera ser libre. Dios ha dado su vida para todo aquel que
en él crea no se pierda más tenga vida eterna.

RECORDANDO LA SEMANA SANTA
9

Hay Que Tomar Decisiones en la Vida

Esta es una semana muy importante porque fue donde
Dios nos demostró todo su sincero amor y misericordia,
donde dio todo por cada uno de nosotros y mostró toda
su gracia y por toda la humanidad.
Él tomó una decisión donde nadie lo obligó y también
te ha dejado a ti tus propias decisiones,
nadie te puede obligar pero es la única esperanza
que tienes tú y la humanidad.
En esta Semana Santa, Jesús te invita a su casa
a conocer de él, si no has visitado una iglesia o te
has apartado de su camino, esta semana date cita o la
oportunidad de visitar una iglesia de sana doctrina, no
tengas miedo del compromiso, solo ve y escucha la
palabra de Dios. Solo visita la casa del Dios altísimo,
porque ese día Dios hablará a tu vida a través de su palabra
y el espíritu de Dios te tocará.

RECORDANDO LA SEMANA SANTA
10

Mirando la Semana Santa

Mirando la Semana Santa, o Viernes Santo como ha cambiado el tiempo, recuerdo que en ese día no se prendía la radio ni se hacía alboroto, donde había tanto silencio que se podía escuchar caer un alfiler, donde no se podía jugar en el patio porque era día de glorificar a Dios, era un día como si Jesús hubiera muerto en ese momento. Dios enseñó a su pueblo de generación en generación, para que su pueblo no olvide de donde Dios nos sacó, así también siempre recordaremos, cómo Dios nos libro de muerte a vida; no olvidemos de decirle a nuestros hijos lo que Jesús hizo por nosotros en la Cruz del Calvario.

ALEGORÍA 4
AMOR ESPECIAL

Cuando Jesús resucitó de los muertos, estuvo 40
días en la Tierra, subió al padre, luego se cumplió
la promesa que todos los creyentes recibirían, la
promesa del Espíritu Santo, y hemos recibido al
Espíritu Santo para llevar las nuevas de salvación.
Amor especial es el poder de Dios, derramado a todos
los creyentes para predicar el Evangelio a toda criatura,
anunciando la grandeza de Jesús y el evangelio de salvación.
Para que todo lo que Jesús ha puesto en sus manos
lo podamos cumplir conforme a nuestro llamado,
amor especial es lo que
Dios por su gracia nos ha dado para nosotros cumplir.

AMOR ESPECIAL
1
Mujer, Dios Fijó su Mirada en ti

Mujer, Dios fijó su mirada en ti, te sonrió y te escogió.
Eres para él un vaso frágil y hermosa como una flor.
En ti él se ha glorificado para engrandecer su santo nombre.
Ha derramado una lágrima de su amor sobre ti, para
que puedas entender lo grande y maravilloso de su amor.
Grande y profundo es el amor de una mujer que ama
y enseña la palabra de Dios, espera en silencio y en oración
para que ellos reconozcan al Dios que nos creó.

AMOR ESPECIAL

2

Mujer

¿A dónde me iré de tu espíritu?
¿Y a dónde huiré de tu presencia?
Y él respondió: Mi presencia irá (contigo)
y yo te daré descanso. Mujer de Dios, escogida
eres tú, Dios te hizo conforme a su imagen y semejanza,
eres tan delicada como una flor y de hermosura perfecta
ante sus ojos, te miró con agrado y vio que te hizo perfecta
para sus propósitos, y con amor te creó fuerte, valiente,
guerrera, amorosa, delicada, y virtuosa. Con la suficiente
energía para caminar por un desierto y salir triunfante
porque contigo está Jesús. Jesús es la vida misma y en
él se encuentra la fuente de la salvación y la fortaleza.

AMOR ESPECIAL
3

Gracias Mamá

Dios te formó
¡Señor mi Dios, tú te deleitaste en hacer a la mujer!
La has hecho como vaso frágil, es tan
delicada y hermosa como una flor y tú
la escogiste para glorificarte. Has derramado
sobre ella la palabra mamá para engrandecer tu
nombre y tu amor, todas ellas son distintas. Cada
una de ellas ha criado a su forma y como ha podido.
Pero es cierto que como el amor de una madre, no lo
hay en toda la Tierra. ¡El amor de ella no se puede igualar
porque todas ellas aman conforme a su corazón, pero
el corazón de una madre que ama para bien,
es conforme al corazón de Dios!
GRACIAS MAMÁ.

AMOR ESPECIAL
4

Caminando Sobre las Corrientes de las Aguas

Padre Eterno, me has traído a tu camino, sierva tuya
soy, y me has enseñado tu amor y tu misericordia.
Eres el que hace funcionar mi vida, por eso cuando las
corrientes de aguas braman sobre mí, mi alma tiene paz,
porque sé que dentro de esas corrientes, tú, Jesús estás
conmigo, y yo nunca tendré sed, sino que mi alma
¡siempre estará saciada de ti!
Porque tú tienes dominio sobre las bravezas del mar,
cuando se levantan sus ondas, tú las sosiegas.
Sal.89:9

AMOR ESPECIAL
5

No Puedo Entender este Gran Amor

No lo puedo entender, este gran amor que siento
desde que soy madre, no lo puedo entender, desde que
mi hijo nació siento un amor distinto, me desvelo de
noche para cuidar de él, y aunque cansada por las
muchas veces que me levanto, lo hago con amor,
sufro en pensar o imaginar que se puede caer, darse
un golpe o algo peor. ¿Cómo es este amor?
¿Quién lo ha puesto en mi corazón?
Nunca yo había amado en esa forma.
¿Por qué yo amo a mi hijo de esa forma?
No lo puedo comprender, nunca yo había amado así.
Solo sé que este amor me hace muy feliz.
(y contesta)
El Padre Celestial es el que pone este amor en el corazón
de los padres, para que sepamos que él nos ama y
por nosotros dio a su hijo Jesús, para que sepamos
que él nos cuida y también se preocupa por cada caída
y por cada golpe que tú, yo o nuestro hijo se dieran.
Y envió a su hijo, Jesús a enderezar nuestros caminos
porque no quiere que ninguno se pierda, así como tú
y yo amamos a nuestro hijo, imagínate cuánto más nos ama
Dios, que dio a su hijo por la humanidad.
Lo que más le preocupa
a Dios es que en una caída o en un golpe se pierda su
alma para siempre. Cristo te ama.

AMOR ESPECIAL
6

El Amor del Padre Celestial

El amor del Padre Celestial es un amor incomparable
y no se puede igualar, su amor no se puede comprender
porque es demasiado grande. El hombre desde la creación
ha fallado y el Padre nos ha levantado por su misericordia
para continuar con su plan de redención a través de su hijo
Jesús, Dios siempre ha cuidado de sus hijos para salvarnos,
por eso te recuerdo que a ti, y solo a ti,
te ha dejado para que sigas
sus pasos y su ejemplo a seguir a través de Jesús.
ERES EL ORGULLO
DE NUESTRO PADRE CELESTIAL,
FELICIDADES PAPÁ.

AMOR ESPECIAL
7

Mi Pacto a Través de mi Hijo Jesús

El amor de Dios es un profundo amor,
su amor ha sido desde la creación del
mundo. Siempre nos ha amado y nos amará
hasta el fin, su amor ha sido mostrado en toda
la Tierra a través de su poder y de su amor. Dios
conociendo la condición del hombre y la dureza
de su corazón, aun así, su amor por nosotros nunca
ha cambiado. Dios sabía que el mundo iba a rechazar
a su hijo Jesús y todo lo que el hombre la haría en la Tierra,
pero aun así, Dios mostró todo su amor por nosotros,
para confirmar la grandeza de su amor hacia la humanidad,
y envió a su único hijo, Jesús,
al mundo para libertarnos de los
pecados y Dios quiere establecer su pacto contigo
a través de su hijo, Jesús.
¡PORQUE SOLO EN JESÚS
ALCAZAREMOS LA VIDA ETERNA!

AMOR ESPECIAL
8

El Buen Pastor

Atributos de Jesús, el buen pastor y dio el ejemplo
de serlo en todas sus obras que él hizo, dio el ejemplo
y mostró todo su amor y poder a través su testimonio.
su grandeza y obediencia lo llevo a la victoria en la cruz
del calvario. Y ha derramado el Espíritu Santo a todos
los creyentes para que en ellos se continúe su gran
pasión para alcanzar las almas perdidas. Yo soy el
buen pastor y el buen pastor su vida dio por sus ovejas.
¡PASTOR ES UN LLAMADO DE DIOS!
Es un llamado que Dios ha dado a hombres y mujeres para
cuidar su iglesia, ellos son los ángeles de la iglesia, ellos son
la voz de Dios. Dios los ha llamado para enseñar y apacentar
su rebaño, para enderezar sus sendas y encaminar a sus siervos
por el camino de la salvación. Oremos siempre por el ángel
que Dios ha puesto para que el propósito de Dios se cumpla
en ellos y ellos puedan cumplir con el propósito de Dios.

AMOR ESPECIAL
9

El Joven que Dedica su Juventud a Dios

Bendito el joven que dedica su juventud al servicio de Jesús,
el que le ha creído a El y ha dispuesto su corazón
para servirle. Que Jesús los ilumine en todos sus caminos
y el rocío de cada mañana los inunde con el poder de su
amor y que en todos sus caminos la dirección de Dios y su
palabra esté con ellos siempre. Que en ellos se refleje la luz
de Cristo y su paz los acompañe en sus testimonio y
sea el testimonio que son siervos del Dios Altísimo.
Que Jesús los use para traer multitudes de jóvenes
y de vidas que no conocen a Jesús. Que la gracia poderosa
y la transformación que Dios ha hecho en sus vidas, sea el
testimonio para que otros jóvenes puedan entender
que en Cristo hay liberación y vida nueva.
QUE DIOS BENDIGA A LA JUVENTUD.

AMOR ESPECIAL
10

El Llamado del Joven

Ninguno tenga en poco su juventud, sino se ejemplo
de los creyentes en palabra, conducta, amor, espíritu,
fe y pureza. Joven, si Dios te ha llamado para servir hazlo
celosamente, con entrega y compromiso; él te enseñará
su camino, cuidará de ti, transformará tu vida, te encaminará
por caminos que solo él conoce, te dará la sabiduría y el
conocimiento a través de tu sometimiento y obediencia.
¡Tú eres un tesoro en las manos del Dios Altísimo!
Tu juventud, fuerza y energía son lo que Dios quiere para
hacer de ti un revolucionario en Cristo, porque poderoso
es el que derrama en ti esta bendición para él glorificarse
y engrandecer su santo nombre, porque la juventud se pierde
sin conocer a Cristo. Tú, le hablarás a otros jóvenes de la
grandeza de Jesús en tu vida y él te usará para tocar y traerá
a su camino a jóvenes que andan sin fe y sin esperanza.
1Tim.4:12

AMOR ESPECIAL
11

Sentir el Amor de Dios

El experimentar el gran amor de Cristo lo puedo
sentir en el abrazo de un niño, lo puedo sentir
cuando miro con amor a un enfermo, cuando
extiendo mis manos a un necesitado, siento
el amor de Dios en lo más profundo de mi
corazón cuando hago su voluntad

AMOR ESPECIAL
12

Llamados Para Servir

Extendió su mano desde lo alto, tomó la mía y me sacó
del mar profundo y me libró de mi poderoso enemigo.
Hemos sido llamados por Dios, hemos sido elegidos por
su gracia para servirle y hacer su voluntad.
No te quedes callado cuando Jesús te dé el mensaje,
no calles ante el susurro de Jesús, ni de lo que él
ponga en tu corazón, porque como siervos de Dios
debemos obedecer y hacer su voluntad, no permitas
que el plan de Dios no se dé en tu vida, porque
solamente una vez en la vida es donde Jesús
nos da la oportunidad de servirle; déjate usar por él
y no temas porque Jesús estará con nosotros hasta el
fin de los tiempos.
2Sam. 22:17-18

AMOR ESPECIAL
13

El Poder del Agua Viva

Quién podrá sentir el amor de Jesús
como ríos de agua viva y permanecer en pie.
Todo aquel que ha tenido un encuentro con Jesús,
todo el que ha experimentado su poder y su gracia,
puede dar testimonio que ha sentido correr por su cuerpo
ríos de agua viva, y puede dar testimonio de poder y
su amor. Porque de su plenitud tomamos y por
su gracia lo hemos recibido, este es el testimonio del
pueblo de Dios. En el último y gran día de fiesta, Jesús
se puso de pie y alzó su voz diciendo: "Si alguno tiene
sed venga a mí y beba. El que cree en mí, como dice la
escritura, de su interior correrán ríos de agua viva."
Esto dijo del espíritu que había de recibirlo los que
creyeran en él.
Jn.7:37-38-39

AMOR ESPECIAL
14

Perfecto Es el Amor de Jesús

Señor, yo reconozco tu poder y tu grandeza,
quién como tú, lleno de amor y de misericordia
¡quién como tú! Que nos ha amado sin límites,
que no eres sombra de variación y que tienes
un corazón limpio, puro, y perfecto; un corazón
sin manchas, sin divisiones, sin indiferencia.
¡Perfecto es el corazón de Jesús! Oh Señor
dame un corazón que te pueda servir
¡Oh Señor dame un corazón que pueda hacer
tu voluntad!

AMOR ESPECIAL
15

Amor sin Condiciones

Sabes lo que es que tú ames y a ti no te amen,
Jesús lo vivió, pero el amor de Jesús no es así,
él nos ama sin condiciones y con nuestros defectos,
porque solo Jesús tiene el poder para cambiar al
hombre, y el hombre decide si quiere cambiar
para seguir a Jesús.
¡Créele a Jesús, porque Jesús rechaza el pecado,
pero él es el único redentor! Y te puede libertar
de ellos, y en este día él quiere mostrar en ti su amor.
¡Si abres hoy tu corazón, Jesús te libertará
del mundo! Porque Jesús vino a buscar y a salvar lo
que se había perdido.

AMOR ESPECIAL
16

Agradecida de Dios

Qué lindo es ir a la casa de Dios,
adorar y glorificar su santo nombre,
que hermoso es ir y decirle "gracias Señor,
por lo que has hecho en mi vida" y poderte
adorar en la hermosura de tu santidad,
engrandecer aquel que no se olvidó
cuando estábamos en tinieblas.
Por eso hoy yo quiero ir a la iglesia, y
decirte gracias por lo que tú hiciste por mí
en la Cruz del Calvario, quiero adorarte en
espíritu y en verdad y decirte
"¡Señor, gracias por tu fidelidad!"

ALEGORÍA 5
DE VUELTA A CASA

De vuelta a casa son diferentes poesías como de aquellos que se apartaron o de los que están desanimados, de los que luchan de las tentaciones de Satanás para apartarlos de los caminos de Dios, y de los que tienen miedo de caer de la gracia de Dios a causa de su debilidad. De vuelta a casa es animando a confiar en Dios y en sus promesas, que solo en Dios hay salvación y seguridad, que en el medio de cualquier situación confiemos en Dios porque él nos llamó a su camino y nunca, nunca nos abandonará. ¡Resiste al diablo en el nombre de Jesús y él huirá de ti! Cree en Jesús y en sus promesas que pronto se cumplirán.

DE VUELTA A CASA

1

Camino a Escoger

Todos aquellos que conocieron una vez a Jesús y se apartaron,
conocen que en la vida hay solo dos caminos para escoger: el
camino de la luz, que es donde habita Dios; y el camino de las
tinieblas, que es donde habita Satanás. No permitas que las
confusiones, aflicciones y atracciones del mundo
te hagan creer que el camino de las tinieblas
es el camino de tu solución, porque en ese camino
es donde puedes creer que hay diversión, gozo y
alegría pero no es la realidad, porque solo Satanás desvía al
hombre de la verdad, todo esto es ficticio,
porque todo aquel que siga este camino,
lo conducirá al camino de la condenación
y muerte eterna, separados de Dios por siempre.
Mira de nuevo este camino y no escojas el camino de las
tinieblas. Escoge el camino donde hay luz, que es donde
habita Dios, porque en este camino hay promesas de felicidad
por todo la eternidad y viviremos
en los reinos de los cielos con
Dios por todos los siglo, amén.

DE VUELTA A CASA
2

Temor por mi Salvación

Señor, ayúdame a vivir en estos tiempos, porque cada
día estoy luchando por mi salvación, cada día tengo que
enfrentar la vida con muchas situaciones que se me presentan
y estas situaciones afligen mi alma
porque me da temor fallarte,
me da temor que en un segundo pueda quitar mi mirada de ti
y pueda caer de tu gracia. Entonces comencé a clamar:
"Oh Señor ayúdame a hacer tu voluntad,
oh Señor no permitas
que me desvíe de los caminos de tus sendas, oh Jehová
aviva tu obra en medio de los tiempos, pero sobre todas
las cosas, ayúdame a guardar mi corazón en ti, para no caer
en la tentación porque sé, que del corazón, mana la vida."
Prov.4:23

DE VUELTA A CASA
3

Dios Ofrece Nueva Vida

No hay nadie en el mundo que pueda amarte como te
ama Jesús, no importa la situación que tú puedas
estar pasando en este momento. Dios te está llamado
para su camino. Él te tomará en sus brazos y hará de ti
una nueva criatura y no vas a querer apartarte de él.
Solo créele a Dios, búscalo y acéptalo como tu Salvador.
Otra vez Jesús les habló diciendo: "Yo soy la luz del mundo;
el que me sigue, no andará en tinieblas, sino que tendrá
la luz de la vida."

DE VUELTA A CASA
4

Seguridad en el Camino de Jesús

Vuelve a la iglesia, porque en mi iglesia
es donde yo te enseñaré a vivir conforme
a mi voluntad, donde yo te enseñaré mi
camino, fuera de mi rebaño nada puedo
hacer por ti, es tiempo de volver, es tiempo
de levantarte y salir de los escondidos. Es tiempo
de reconciliación, tiempo de volver a cantarle a mi
Señor, es tiempo de oír tu voz y mostrar tu rostro
de reconciliación al Dios que te llamó. Levántate
oh siervo y ven; porque dulce es la voz tuya y
hermoso tu aspecto. El tiempo de la canción ha
venido.
Cant. 2:12y14

DE VUELTA A CASA
5

La Fe en Dios

Vienen momentos difíciles en la vida del cristiano
y muchas veces pensamos que Dios nos ha abandonado.
"Soy cristiano y he sido usado por Dios, he sido un vaso
en sus manos, yo predico su palabra, predico de su poder
y de su misericordia, y de momento llegaron pruebas
a mi vida. Y cómo puedo ahora aplicar lo que yo
predico, ha sido tan difícil que en este momento mi corazón
se siente muy afligido mi cuerpo quebrantado, y aunque
no tengo fuerza miro y veo como si todas las puertas
se hubieran cerrado, cómo puedo aplicar a mi vida
lo que yo mismo predicaba. Mis pruebas quebrantaron
mi cuerpo y se entristeció mi alma."

"CONTESTACIÓN
"Las pruebas son el resultado de la verdadera verdad
del hombre que ama a Dios, y el justo por fe vivirá"
Acuérdate de las prueba de Job, él lo perdió todo,
la persecución de Saúl contra David, cuando
Abraham fue probado con su hijo Isaac. Todos
los hijos de Dios pasamos por diferentes pruebas
y muchas de ellas quebrantan el corazón y el alma,
pero lo que un cristiano nunca debe perder es la fe,
la fe es la confianza en Dios. Porque todos ellos fueron
sometidos pero nunca abandonaron su fe, sino que
al contrario, fue la fe quien renovó sus fuerzas, todos
ellos pasaron por pruebas pero lograron la victoria
porque le creyeron a Dios. No te debilites por las
pruebas que estés pasando, sino que renueva tus
fuerzas a través de buscar la presencia de Dios y sacía
tu sed a través de su palabra. ¡Dios nunca cierras las
puertas, Dios nunca abandona a los suyos! No te

detengas en el camino del Señor, porque si te detienes
en el camino, nunca sabrás las bendiciones tan grande
que venían detrás de esta prueba. Porque detrás de cada
prueba viene una gran bendición gloriosa para engrandecer
a Dios. Nosotros no somos de los que retrocedemos, sino de
los que seguimos hasta alcanzar la victoria de la obediencia
¡somos de los que tenemos fe!
Heb.10:38-39-Gen. 22-9-

DE VUELTA A CASA
6

Visión en el Camino de Jesús

Te dice Jesús: vuelve a mi camino y yo
te enseñaré, toma mi amor y mi paciencia,
entra y no permitiré que tu corazón se confunda;
Yo soy Jesús, mira mi cruz y mis promesas,
sígueme, mira mi espada léela, porque
ella te guiará y te enseñará mi camino y
pronto me hallarás en el camino de la salvación.

DE VUELTA A CASA
7

Vuelve a la Casa de Dios

Dios es el que te ha llamado a su camino
¿por qué lo has abandonado? ¿Qué te hizo Dios
para que te apartaras de él? Y si no te ha hecho
nada, ¿por qué lo dejaste y por qué no permites
que el plan de Dios se diera contigo? ¿Sabes quién
provocó que tú te apartaras? Nuestro verdadero
enemigo, se llama Satanás, él es el único que
quiere dañar el plan de Dios para que tu alma
se pierda para siempre. No endurezcas tu corazón
a Dios, vuelve a casa, la iglesia. Dios es el que
te llamó, créele a él, sigue su camino, no te detengas
porque Jesús está a la puerta, Cristo te ama y viene
pronto, se parte de esta gloriosa bendición.

DE VUELTA A CASA
8

El Impactada por Poder de Dios

Gracias te doy oh mi Señor, sé que no debo
mirar hacia atrás porque tú has hecho de mí una
criatura nueva, pero cundo me acuerdo de dónde
tú me sacaste hace que mi vida cada día sea más
impactada por el poder de tu amor y por el impacto
glorioso de la resurrección.

DE VUELTA A CASA
9

Por qué te Enojaste con Dios

Te enojaste con tu hermano, pero me culpaste a mí
¿Por qué? ¿Por qué tengo que pagar siempre las culpas
de otros? ¿Por qué fijas más la mirada en el hombre
que en mí? ¿Y por qué te has apartado de mi camino?
Te dice Dios:
Yo soy el que te llamé y el que te saqué de las tinieblas,
te traje a la luz admirable, instrúyete en mi palabra,
vívela y confía en mí, sigue mi dirección y no te confundas
en el camino de otros, fíjate en tu camino y en mi dirección
no endurezcas tu corazón y me hallarás, yo tengo los brazos
extendidos hacia ti. No temas y vuelve a la iglesia donde
yo te llamé.

DE VUELTA A CASA
10

Has Dejado el Camino de Dios

En todos los camino que tú has andado, yo siempre
he estado contigo, te llamé por tu nombre y tú respondiste
a mi llamado, conociste de mí y de la misericordia, del amor,
del poder, y ahora te has descarriado.
Aun así, descarriado(a) yo continúo parado en la puesta
de mi rebaño llamándote, buscándote para traerte de
vuelta, y porque te amo te vuelvo a llamar. Quizás no
puedes entender este amor y mi insistencia, pero yo sí lo sé,
porque yo te creé y aunque tú me rechaces, yo quiero decirte
que mis brazos están extendidos esperando por ti,
porque mira que estoy a las puerta
y pronto cerraré para siempre la puerta de mi
rebaño. Yo soy la puerta, y el que por mi entre será salvo
y entrará y saldrá y hallará.
Jn. 10:9

ALEGORÍA 6
CAMINO DE PERDICIÓN

Camino de perdición es el camino donde todos
caminamos cuando vivimos sin Cristo
y el peligro de lo que puede acontecer sin él.
De la oportunidad que todavía hay para los que no
conocen a Dios o se han apartado.
Que aprovechemos el tiempo para conocer la verdad
y lo puedas conocer antes de que se acabe el tiempo
porque solo en Jesús hay esperanza.

CAMINO DE PERDICIÓN
1

Caminando en las Tinieblas

No puedo entender el mundo, solo sé que estoy aquí.
Siento el amor en mi corazón, pero no lo puedo
entender, sé que hay muchas opiniones, pero mi alma
tiene sed. Sé que hay alguien que me amó primero, pero
no lo puedo comprender. El pueblo que andaba en
tiniebla vio gran luz, los que moraban en tierra de
sombra de muerte, luz resplandeció sobre ellos.
Isa 9:2

CAMINO DE PERDICIÓN
2

El Tiempo Se Acaba

Corre, corre que el tiempo se acaba, corre en busca del
Salvador. Mas las sendas de los justos son como la luz de
la aurora, que va en aumento hasta que el día es perfecto.
El camino de los impíos es como la oscuridad,
no saben en qué tropiezan.
El mundo no ha podido entender el amor de Dios, no
pueden comprender el mensaje de salvación, no se dan
cuenta de su amor por ellos, el mundo los tiene atrapados,
las fiestas, los deseos de su corazón, por los deleites del
mundo no le permiten ver la luz de Cristo.
Teme a Dios y abre tu corazón en el nombre de Jesús,
busca cambiar y sal de las tinieblas y ven a su luz
admirable, porque el que no salga pronto de las tinieblas,
se quedará para siempre en ellas.
Prov 4:18 al 19

CAMINO DE PERDICIÓN
3

La Visión de Alcanzar la Vida Eterna

Mirando dónde estoy parada porque Dios me llamó,
me acuerdo de donde me sacó, y el tiempo que perdí,
a mi juventud no le saqué ningún provecho porque
nada hice para servirle a Dios. Mi tiempo no lo supe
aprovechar para las cosas buenas que me ofrecía la
vida en el camino de él, pues todo lo malgasté
y de mis pecados no puedo retroceder, aunque
Cristo me ha hecho nueva criatura miro y veo cuán
valioso fue todo ese tiempo perdido. Mucha veces
no sabes cuán grande es la oportunidad que todos
tenemos de estar en la Tierra y el propósito de nuestra
existencia, ahora miro en el camino que estoy parada y
quiero que se cumpla el propósito de hacer la voluntad
del que me llamó a su camino, y mi visión es alcanzar
la vida eterna para estar siempre con Jesús en el
Reino de los Cielos.

CAMINO DE PERDICIÓN
4

La Misericordia de Dios

Mientras caminaba por el camino, meditaba yo
en mi corazón, qué habría sido de mi vida si el
Señor Dios no me hubiese llamado,
y que habría sido de mí si yo no le hubiese
obedecido. Se hubiera perdido mi alma,
me hubiera perdido la oportunidad de conocer
a Dios y de tener una nueva vida con Jesús
en los cielos, y no hubiera conocido la grandeza
de su amor. Doy gracias, por la misericordia que
Dios ha tenido conmigo y por la oportunidad que
aún tiene la humanidad para reconciliarse
con nuestro Creador.

CAMINO DE PERDICIÓN
5

Sal de las Dudas

¿Crees que después de esta vida hay otra?
¿Has pensado en tu próxima vida?
¿Te has imaginado como será cuando despiertes de
la muerte? ¿Te has preguntado quién soy, a dónde voy?
¿Te has detenido a pensar en tu salvación?
¿Crees que Dios es real?
Si te lo has preguntado qué esperas,
si lo sabes, qué haces, es importante que te preocupes
por ti y por la decisión que tú tomarás en la Tierra,
porque es donde único Jesús te permite elegir donde
quieres pasar tu eternidad.

CAMINO DE PERDICIÓN
6

Libertada del Mundo

Yo era esclava del mundo, caminaba en las tinieblas
y no conocía a Jesús, vivía una vida vacía sin dirección
y sin fe, no había amor, las tinieblas no me permitían
ver la luz de Cristo porque yo deseaba estar en el
mundo. Todo esto pasaba en mi vida cuando yo no
conocía a Jesús, pero ese mundo es falso, es de placeres que
pronto se terminan, de conquistas que no duran mucho,
de sueños que no son reales, todo esto lleva al hombre
a un solo camino, al de la perdición y condenación eterna.
¡Pero Cristo llegó a mi vida! Y él es real, y él está en su luz
admirable. Dispón tu corazón a conocer al que te puede sacar
de las tinieblas y traerte a su luz.
Y él te encaminara por sendas
de amor y de victoria, para llevarte por el camino de la vida
eterna. Maravillosos son tus testimonios; por tanto, los ha
guardado mi alma.
Sal 119:129

CAMINO DE PERDICIÓN
7

La Vida Es Corta

El hombre como la hierba son sus días, florecen como la
flor del campo, que pasó el viento por ella y pereció su
lugar y no lo conocerá más. Caminando con tanta prisa que
a veces se nos olvida sacar tiempo para Dios. El tiempo en la
Tierra es corto, es como un abrir y cerrar de ojos, así de
corto es el tiempo en la Tierra,
que el viento sopla y perecemos.
Lo más importante es que tu sepas porqué estás aquí y a
dónde iremos después de la muerte.
Busca, aprende y preocúpate por tu salvación,
porque en el cielo no será corto, sino por toda la eternidad.
Busca de Dios porque el tiempo se acerca
y es necesario estar preparado
para el acontecimiento que pronto llegará.
Cristo viene.

CAMINO DE PERDICIÓN
8

La Única Oportunidad

Aunque tú no lo entiendas, la vida es el regalo más
valioso que Dios te ha dado, porque en ella, tú
recibirás la oportunidad de encontrarte con tu Salvador
y la decisión que tú tomes en la Tierra, es lo que tú
vivirás después de la muerte, lo que tú hayas
decidido aquí será tú recompensa.
Y no habrá excusa para los que se pierdan, porque Dios
ha tratado y ha enviado a sus siervos a llevar el mensaje
de salvación, escúchalos a ellos. Hay muchas personas
que no se preocupan porque no han entendido
o piensan que no necesitan a un Salvador, o que
nunca ocurrirá el fin de los tiempos de la venida
de Dios ¡es tiempo de reflexión! Y de pensar
que es lo que realmente tú quieres para tu eternidad,
porque después que se pierda el alma no habrá
otra oportunidad jamás. Cristo te ama.

CAMINO DE PERDICIÓN
9

Inscríbete en el Libro de la Vida

Algún día estaremos frente al trono de Dios, unos para
salvación y otros para perdición (infierno) y Dios
pasará lista. ¿Estás tú inscrito en el libro de la vida?
Para cuando Jesús te llame por tu nombre, si tú
no estás inscrito en el libro de la vida se parte de esta
gloriosa llamada en el Reino de Dios.
¿Qué tienes que hacer para inscribirte?
Creer que Jesús murió en la cruz del calvario
por nuestros pecados y solo a través de Jesús
somos perdonados, acéptalo como el único
Salvador. Dice la palabra que si confesares con
tu boca que Jesús es el Señor, y creyeres en
tu corazón que Jesús se levanta de los muertos,
serás salvo. Porque con el corazón se cree para
justicia pero con la boca se confiesa para salvación.
Cristo viene pronto, acéptalo.

CAMINO DE PERDICIÓN
10

Avanza que el Tiempo se Acaba

¡Dios mío, se está acabando el tiempo! Y la gente con
tantas necesidades y con tantas situaciones en sus vidas
dicen que no están preparados para estar en su camino
porque tiene muchos problemas que arreglar primero,
no se dan cuenta que tú eres el único que los puedes
ayudar. Yo sé que la salvación no es obligatoria
pero yo sé que aquellos que se pierdan, ya no podrán
retroceder hacía atrás. Muchos de ellos se perderán
por que no creen en Jesús, otros por ignorancia,
porque no han entendido que después de
esta vida hay otra, y el enemigo de las almas
que no se cansa de confundirlos. Pero Cristo
es real, ábrele tu corazón.

CAMINO DE PERDICIÓN
11

¿Por qué Dudas de Dios?

Hay personas que no creen en Dios,
muchos creen que fueron formados
de la evolución de la Tierra, o tienen
sus propias opiniones. Han tomado en
poco el nombre de Dios y todo lo que
Dios ha hecho, especialmente en hacernos
a su imagen y semejanza, no se han preocupado
en buscar la verdad. La verdadera verdad está en ti,
está en tu corazón, si dejas que fluya el amor en ti,
encontrarás en tu corazón el poder del amor del
que te creó, porque como Dios tiene corazón,
también lo tiene al que él formo y tu corazón
y el mío están conectados con él, solo ten fe, búscalo
y lo hallarás. Señor, digno eres de recibir la gloria honra
y el poder porque tú creaste todas las cosas,
y por tu voluntad existen y fueron creadas.
Apoc. 4:11

CAMINO DE PERDICIÓN
12

El fin de los Tiempos Llegará

Ya Dios ha pronosticado lo que va a pasar desde
desde los tiempos antiguos, Dios ha mostrados a sus
siervos las cosas que pasarán en los días cercanos, y
en su palabra está de la venida de Cristo. He aquí
el día de Jehová viene, terrible de indignación y
ardor de ira, para convertir la Tierra en soledad y en raer
de ella a sus pecadores, por lo cual las estrellas de los
cielos caerán y sus luceros no darán luz, el sol se
oscurecerá y al nacer la luna no dará su resplandor.
Cristo viene ya.
Isa.13.9-10.

CAMINO DE PERDICIÓN
13

Ten Fe

No tengo qué comer, no tengo a dónde ir, me siento
perdido, solo, sin fe, sin esperanza;
¿dónde están los que dicen que Jesús proveé?
¿Y los que dicen que Jesús no falla, y dicen que él escucha
la voz de los que tienen necesidad?
¡Lo he perdido todo, no tengo nada, mira mi situación
y mis necesidades! Si Dios es amor ¿dónde está?

CONTESTACIÓN
¡Estoy aquí junto a ti!
Esperando que tú tomes una decisión, porque sin mí nada
podrás hacer. Hace tiempo que estoy llamando, pero tú
no me escuchas, los afanes que nada te dejarán y las
aflicciones no te permiten ver lo que yo quiero hacer
contigo. Hace tiempo que estoy escuchando, pero
tú no me escuchas, porque solo te miras a ti
y tus necesidades, pero yo, Jesús, miro el corazón
del hombre. Yo no despreció un corazón que se humilla.
Dios es amor.

CAMINO DE PERDICIÓN
14

No Cometas el Error, Solo Dios Liberta

Al que venciere, le daré se siente conmigo en mi
trono, así como yo he vencido, y me he sentado con mi
padre en su trono. Cómo ha aumentado el suicidio,
se quitan la vida por sus propios temores, creen
que esa es la solución de sus problemas, creen que con
quitarse la vida no sufrirán más, pero no es la realidad
sino que empeorará tu vida porque después de esta vida
hay otra. Dios nos da la vida y solo él tiene la autoridad
de nuestro tiempo en la Tierra, el hombre no puede
adelantar su muerte porque destruirá su alma y
su sufrimiento será mayor. No seas sabio en tu propia
opinión, teme a Jehová y apártate del mal. Date la
oportunidad de conocer a Dios y lo que él puede hacer
en tu vida si le crees.
Solo Dios te puede ayudar no importa cuan
grande sea tu problema, él es el único que te puede
ayudar a recuperar tu paz. Dios hoy tiene sus manos
extendidas hacia ti, abre tu corazón y déjalo entrar.
CRISTO TE AMA.
Prov.3:7

CAMINO DE PERDICIÓN
15

La Solución de la Vida

Oh, si el mundo pudiera entender, que tú eres la solución de la vida y el dador de ella; si con solo creer o si pudiera tener un poco de fe en ti, encontrarían la fuente de la vida eterna.

CAMINO DE PERDICIÓN
16

El Camino de la Verdad

El que camina en las tinieblas no conoce el camino
por donde anda, tampoco lo entiende,pero Cristo es la luz de
los hombres y el que
camina por el camino de la Cruz
hallará la vida eterna con Jesús.

Lo que Jesús Quiere Evitar que te Suceda

Que alguien me ayude, que alguien me salve, que
alguien tenga misericordia de mí, que alguien me
pueda dar un vaso de agua. Oh, quién tendrá
misericordia de mí, oh si hubiera escuchado la
palabra de Dios y hubiera creído, yo no
estuviera en este lugar.
Sí, yo, Jesús
eso es lo que yo quiero evitar que te suceda, eso es
lo que yo quiero evitar, que tu llegues a ese lugar.
Pero todavía hay tiempo,
Jesús espera por ti.

CAMINO DE PERDICIÓN
18

Advertencia de Dios

No hay un amor más perfecto y más grande
que el amor de Jesús, él sabe todas las cosas que
acontecerán en la Tierra por el pecado del mundo.
Es por eso que Jesús dejó toda su gloria,
su grandeza y su reino para que el hombre
que en él crea no se pierda más, tenga vida
eterna.
Él sabe el sufrimiento y la condenación que
vivirán todos aquellos que se vayan sin salvación.
Jesús lo sabe todo y quiere evitarte este sufrimiento;
del fuego eterno que tendrá los que no creyeron en
el Hijo de Dios. Cristo viene pronto.

ALEGORÍA 7
SOÑANDO CON LA ETERNIDAD

Es necesario vivir la palabra de Dios,
creer en su poder y hacer su voluntad. Es necesario
luchar cada día por nuestra salvación y nunca dejar
de soñar con la eternidad al lado de nuestro Salvador.
Soñar con la eternidad se trata de la importancia
de aceptar a Dios y de esperar por su promesas
¡qué ya él viene a buscar su iglesia!.
No dejemos de soñar con lo que pronto se cumplirá,
promesas de Jesús para su pueblo los que esperamos
por la venida de nuestro Salvador.

SOÑANDO CON LA ETERNIDAD
1

Mi Sueño

Qué hermoso es imaginar estar en el cielo
postrados ante su presencia, viendo su
rostro glorioso. Lleno de resplandor y
ángeles cantando a gran voz dándole la gloria
a Dios; y estar en la boda del cordero donde
lo adoraremos en espíritu y en verdad,
rodeado de toda su gloria, eternamente y para
siempre y cantaremos alabanza a nuestro rey
¡Aquí está nuestro salvador, aquí está nuestro salvador!
Y danzaremos en su presencia por toda la eternidad.
Mi amado me ha prometido un lugar hermoso preparado
para mí, ¡su novia! Donde caminaremos por calle de oro
y mar de cristal, donde la ciudad no tiene necesidad
de sol ni luna brille sobre ella; porque la gloria de Dios
la ilumina y el cordero es su lumbrera. Anhela mi alma
fervientemente estar postrada en su presencia.
Apoc.21.21

SOÑANDO CON LA ETERNIDAD
2

Mi Esperanza

Jesús, tú eres mi esperanza, desde que supe
de tu amor y fidelidad, mi vida ha dado un
nuevo giro, ahora siempre te tengo en mi
memoria y en la caja de mi corazón, donde
guardo todo lo que he recibido de ti y lo que tiene
más valor: la salvación de mi alma, porque tú
eres mi esperanza, vivo reconociéndote en todos
mis caminos, porque sé que mi esperanza no es
en vano, porque yo sé que escucharé tu voz,
escucharé la trompeta sonar y tú me levantarás
de los muertos, y yo volaré como las águilas
que se levantan para volar hacia el cielo.
¡Jesús, tú eres mi esperanza!

SOÑANDO CON LA ETERNIDAD
3

El Impacto que Jesús Produce

Un día escuche de un hombre que prometía larga vida,
seguridad y fidelidad por toda la eternidad; me llamó
la atención tanta fidelidad y tanto amor, me sentí
atraída por él, pues nadie en la Tierra promete un
compromiso con tanta fidelidad y ese hombre
promete una felicidad en su reino, y cuando me dijeron
que allí no tendría más hambre, ni sed, y el sol no caería
más sobre mí, ni color alguno, que él mismo me cuidaría
y me guiaría a fuente de aguas de vida eterna,
que sería feliz por siempre
con él. Entonces comenzó a palpitar
mi corazón, mi cuerpo a temblar, y mis lágrimas a brotar;y
cuando hicieron el llamado, yo no dude de levantarme,
aceptarlo y comprometerme con él, cuando me
preguntaron, "¿aceptas a Jesús como tu Salvador,
lo aceptas como tu Dios, aceptas vivir en él, en la
eternidad de los cielos ¡donde él es el rey!?"
Y yo dije "sí, lo acepto". Y vivo contando los días, viviendo
y buscando hacer siempre su voluntad, preparándome
cada día y buscando siempre estar en el camino donde
él me levantará.

SOÑANDO CON LA ETERNIDAD
4

La Fortaleza de mi Alma

Soñando con la eternidad, gracias doy a Dios por su misericordia y por haber preparado lugar para su pueblo, como cristiana se me hace difícil no pensar en la eternidad con Cristo. Es maravilloso que somos hijos de Dios, y algún día, estaremos en el Reino de los Cielos y por fin veremos a nuestros Jesús y al Padre Celestial. Cada vez que pienso o imagino esos momento en el cielo, esto es lo que fortalece mi alma y me da nuevas fuerzas para continuar en este mundo, no importa por las pruebas que estés pasando, solo piensa que algún día todo esto terminará y seremos felices para siempre con Jesús ¡Cuán amable son tus moradas, oh Jehová de los ejércitos! Anhela mi alma y aún ardientemente desea los atrios de Jehová.
Mi corazón y mi carne canta al Dios vivo.
Sal. 84. 1-2

SOÑANDO CON LA ETERNIDAD
5

Algún Día yo Despertaré en la Eternidad

¡Cuando suene la trompeta yo me levantaré!
Y mi cuerpo será transformado, y yo tendré nuevas
vestiduras, vestiduras de santidad y de victoria.
Mi nuevo vestido de novia, por haber vencido en el
nombre de Jesús. Y cuando yo esté ante el trono de
mi Salvador, Jesús me dará a cambio de una cruz,
una corona, y yo recibiré la corona de la vida ¡y le
danzaré, danzaré a mi Señor! Y yo echaré mi corona
delante del trono para darle todo el honor y toda la
gloria al Salvador del mundo ¡Aleluya, aleluya, porque
el Señor nuestro Dios todopoderoso reina!
Apoc.19:6

SOÑANDO CON LA ETERNIDAD
6

Glorificando a Jesús

Sí ya viene Jesús, sí viene nuestro salvador,
cantar del amor de Cristo, engrandecer
a nuestro salvador, porque pronto se manifestará
su gloriosa venida en toda la Tierra, sí, él viene
y pronto nos iremos con él a sus mansiones eternas,
y allí se entonarán cánticos de alabanzas,
alzaremos las manos, glorificaremos su
nombre y daremos gloria a Dios; porque
él nos salvo del mundo. Toda la gloria
y toda la honra la daremos en su presencia.

SOÑANDO CON LA ETERNIDAD
7

Esperando por mi Nuevo Hogar

Jesús dijo que iba a preparar moradas para su pueblo,
una bella ciudad, un lugar donde la muerte no podrá
llegar jamás, donde la felicidad será eterna, un paraíso
preparado para los que temen y aman a Dios. Y en esa
ciudad yo quiero estar, junto con mi padre, y ya nadie me
podrá separar de su amor, allí quiero yo estar allí, yo
estaré por toda, toda la vida eterna para engrandecer
el santo nombre de mi Señor.

SOÑANDO CON LA ETERNIDAD
8

La Ciudad De Dios

Jesús ha preparado para los que creen en él,
un lugar muy distinto al que vivimos en la Tierra,
su dirección se encuentra en el cielo, nada de lo
hay en la Tierra lo encontraras en el cielo. Es un
lugar que Jesús ha preparado para los que le aman
y quieren vivir con él, es una ciudad santa, perfecta
porque siempre habrá paz, allí no tendremos necesidad
de buscar de la presencia de Dios, porque él morará
con nosotros. Y en esas moradas que Dios ha preparado,
vamos a vivir eternamente felices. Porque Cristo jamás se
volverá a apartar de su pueblo, y estaremos con él por
toda la eternidad. Y esto es promesa para todos los que
aman a Dios y hacen su voluntad.

SOÑANDO CON LA ETERNIDAD
9

Sueño con la Eternidad

Sueño con mi amado desde que supe el precio
que pagó por mi liberación y con su sangre
me limpió, sueño con el que hice compromiso,
sueño y me imagino que lo que yo estoy soñando ya
pronto se cumplirá. No es un cuento, ni es una fantasía,
Dios es real,
Jesús se comprometió conmigo cuando yo lo acepté
como mi salvador y yo anhelo este encuentro,
anhelo ver su rostro y su gloria.
Te dice Jesús: "Y yo te desposaré conmigo para siempre,
te desposaré conmigo en justicia benignidad y misericordia.
Y te desposaré conmigo en fidelidad,
y conocerá a Jehová."

SOÑANDO CON LA ETERNIDAD
10

Por Fin ya Viene Cristo

¡Cristo viene ya! A buscar a su pueblo, viene por ti
Y viene por mí, ya pronto sonará la trompeta
Prepárate porque pronto por fin veremos la gran
Ciudad de Dios, prepara tu corazón, alégrate, sí,
me gozo en saber que Cristo viene ya y nos iremos
con él a vivir en la gran ciudad, donde las calles son
de oro y el mar de cristal . Sí, me voy con él y allí
seguiré exaltando su grandeza.

SOÑANDO CON LA ETERNIDAD
11

Nunca Dejaré De Esperar Por Jesús

Algún día no muy lejano, sé que se cumplirá
la promesa de Dios. Se cumplirá el compromiso
que Dios tiene con su novia (iglesia), sí, él volverá
y vendrá por mí, vendrá a cumplir su promesa
de hacerme su esposa para siempre. Me llevará
al paraíso, ¡sí, cumplirá la promesa de llevarme a
su paraíso! Donde seré eternamente feliz con él y mi
compromiso será para siempre por todos los siglos, sí,
seré feliz con mi amado toda la eternidad.